Die LYRIKEDITION 2000 wird herausgegeben von
Heinz Ludwig Arnold

Das Buch

Der Band »Verreisen auf der Stelle« ist eine Sammlung von Gedichten, die zwischen 1995 und 2000 entstanden sind. Sie bewegen sich im Spannungsverhältnis von Aufbruch und Stillstand. Festgemacht sind die Gedichte an Alltagsszenerien und Beiläufigem. Gegenstände verändern sich bei genauer Betrachtung und die Wahrnehmung grenzt an den Tagtraum. So werden die Antennen der Autos schnell einmal zu Besenstielen und Fluggeräten – »sie verreisen auf der Stelle zu den Blumentöpfen / und den knarrenden Holzstiegen der Erinnerung«. Fantastische Gedichte über die Alltagswelt, ihre Gegenstände und deren Verwandlungsfähigkeit.

Der Autor

Hans Eichhorn wurde 1956 in Vöcklabruck (Oberösterreich) geboren. Er lebt als Schriftsteller und Berufsfischer in Attersee und Kirchdorf/Krems. Zuletzt erschienen von dem Autor die Gedichtbände »Petruskomplex« und »Das Eintauchen« sowie der Roman »Circus Wols«. Er erhielt 1994 das Stipendiat der Stiftung Niedersachsen (Lyrik) und 1999 den manuskripte-Preis des Landes Steiermark.

Hans Eichhorn

# Verreisen auf der Stelle

*Gedichte*

LYRIKEDITION 2000

Die LYRIKEDITION 2000 ist ein BoD™-Verlag der Buch & medi@ GmbH. Dieser Verlag publiziert ausschließlich Books on Demand in Zusammenarbeit mit der Books on Demand GmbH, Norderstedt, und dem Hamburger Buchgrossisten Libri. Die Bücher werden elektronisch gespeichert und auf Bestellung gedruckt, deshalb sind sie nie vergriffen. Books on Demand sind über den klassischen Buchhandel und Internet-Buchhandlungen zu beziehen.

Weitere Informationen über den Verlag und sein Programm unter: www.lyrikedition-2000.de

LYRIKEDITION 2000
Ein BoD™ Verlag der Buch & medi@ GmbH, München
© 2003 Hans Eichhorn
Umschlaggestaltung: Bauer+Möhring, Berlin
Herstellung: Books on Demand, Norderstedt
Printed in Germany · ISBN 3-935877-20-X

ALS KITTE DIE KUGELSCHREIBERFÜLLUNG
zersplitterte Fensterscheiben,
als melde sich die Beharrlichkeit
der Glockenblume zu Wort.

In Lauscherpose Schaltplan Augenblick,
von Kaminsims bis Leuchtkäfergelb.

Schwarze Telefonkabel kringeln sich.
Zwischenzeitlich werden Darmpolypen

erledigt, plustern sich Schwäne auf
und suchen das Ufer nach Nistplätzen ab.

Das Überlebensmesser liegt auf dem Tisch.
Fischeingeweide wird anderen Fischen

zum Fraß vorgeworfen. Die Wühlmausgänge
werden zugetrampelt. Klebstreifen über

die Zonen der Kindheitszumutungen.
Knackiges Schwarzblau rinnt über das Blatt.

GRABSTEINE,
Maulwurfshügel,
sie fliegen,
nie gesehen,
nie gehört,
geradewegs
im Fahrtwind,
der nicht spürbar,
und werden
samt dem Rest
hinuntergespült
zu den Daten
und Fakten
der Festplatte,
die immerzu
abstürzt.

DICHTES GESTRÄUCH
entlang des Bachverlaufes,
als müsse die Kostbarkeit
Wasser geschützt werden,
als gelte es das Offene,
die Scham zu bedecken
und flugs die schwarzen
Kräuselballen nackter
Obstbaumäste. Wörter in
den Schotter graben, in
die Baukranriesen, Arm-
schwenk, und die Kulisse
der Einfamilienhäuser
wird aufgeklappt. Am
Bahnsteig leere Sitzbänke.
Der Getränkeautomat steht
wuchtig im Erinnerungsbild.

WEGAUF, WEGAB
entlang der tiefliegenden Bahntrasse.

Diese Jungbaumblätterwedel am Hügelrund.
Windräder drehen sich, Schallwände

schneiden den Blick. Herbstliche Gras-
halme, verdorrt und starr, tauchen

in den Tunnel. Spiegel Wagonglas,
das schlafende Gesicht, Liebreiz aus

Luft und Fremde. Die Ansammlung leerer
Kabelspulen beendet den Mitschnitt.

BLITZSCHNELL INS LICHT,
feuchtglänzender frisch gepflügter Acker.
Du siehst die Mistelnester und du meinst,
du siehst keine Mistelnester. Du meinst,
du siehst durch die Mistelnester auf etwas
anderes. Du siehst durch die Mistelnester
auf den feuchtglänzenden frisch gepflügten
Acker. Du meinst, du siehst keinen feucht-
glänzenden frisch gepflügten Acker, du meinst,
du siehst durch den feuchtglänzenden frisch
gepflügten Acker auf etwas anderes.
Aus dem Tunnel blitzschnell ins Licht,
und das Blinzeln der Gedanken.

D̲i̲e̲ ̲g̲e̲s̲t̲a̲p̲e̲l̲t̲e̲n̲ H̲o̲l̲z̲p̲f̲o̲s̲t̲e̲n̲,
Wagons voller Äpfel,
Wände aus Granit,
und das Rinnsal
in der Ackerfurche.
Begrenzungsbänder flattern,
Gründüngung wuchert.
Die geworfenen Blicke
kommen zurück,
füllen die Augen,
schütten den Körper zu.
Matt glänzen die Fingernägel
und matt glänzen die
Fingernägel im Glas.

**In Windeseile nimmst du**
die Bauernhäuser, reist mit
den Wiesen-, Waldflecken
um die Wette, sitzt im
Hochstand und sitzt am

Fensterplatz. Die Traktoren
rattern gemächlich über das
Feld. Paletten, Energie-
holzanbau, Bachverläufe und
rotweißrote Wegmarken.

Der Bagger hebt die Schaufel.
Der Hund kauert im Garten
und bearbeitet den Knochen.
Heizöl wird angeboten.

Ins Fensterglas hinein
lächelt sich jemand zu.

Die Papierfetzen zwischen den Geleisen,
Muskel Wahrnehmung als Lok darüber.

Sie werden hochgeweht und landen vor
dem Mädchengesicht. Die Bahnschwellen

schreiben das Bild weiter. Die Zigarette
lässig zwischen den Fingern wandert mit.

Augen an der Buffetschrift. Erwartung
Abfahrt. Die Hose wird über den Stiefel

gezogen. Der Freund beißt in den Apfel.
Schnitzmesserschnitt in der Landkarte.

**Gehst durch das Shoppinggebäude**
Land, Stadt, aufgeschlagen die roten Pflanzentrauben.

zwei, drei Spraydosenstriche und Fabrikschlote und
Firmenzeichen und Berge von Plastiktanks.

Hast den Rucksack voller Essigbaumblätter,
Ampelblinken, Sirenengedröhne. Durch den Fleischwolf

gedreht, zur Maische geworfen und ausgegoren.
Hochprozentig hebt das Geschriebene die Reiselust.

TURNSAALFLUCHT, FENSTERFLUCHT,
die Namen hochgeschmissen,

die Zeichenblätter mit Spucke
eingeschmiert, mit Urin

eingefärbt. Sofa und schlafendes
Kind bis unter die Augäpfel

und darüber die Dämmerungsstimmen,
Korbsessellaute, Neonlichtstriche.

Das Sitz- und Schaugericht ein
Kippmanöver in die Schwärze,

ins Steininnere. Bei jeder
kleinsten Bewegung donnert

der Riss in alle Richtungen.

## LEINWAND

mit dunklen Farbtönen, Hände,
Augen, Ohren gefüllt mit dem

Traum, der das Gelände nach essbaren
Pilzen absucht. Über den eigenen

Schriftzug gebeugt und dem
zeigenden Finger nachgeschaut:

Das Schmelzwasser, die Karottenplantagen,
die Festtagsmünzen. Das Ichweißnicht-Land

abgegrast und in den Lieferwagen des
Gärtners geschmissen. Eine Eibe wurde

bestellt. Wir sind alle im Amt. Wir
alle nehmen am Hochamt teil.

KRÄHEN, MÄUSEBUSSARD, ANTENNENSCHÜSSEL,
Abfahrt Kremstal, hingeblasenes Weiß,
Kapelle, eingefasst von zwei Fichten,
so herausgezogen Richtung Stadt. Umbau
Bahnhof Wartberg, Remix aus Omen und

Kleingläubigkeit, anstatt die Struktur
der Weiden zu sehen, bräunliche, hängende
Äste, die bereits darauf lauern das
Chlorophyll herauszuschießen, anstatt
das Wagonfenster zu sehen, gefrorene

Tropfen, die langsam in Bewegung kommen
und als Winzigrinnsale abfahren, feinste
Adern, kontinuierlich sich veränderndes
Tafelbild. Ein rotbraunes Huhn pickt im
Garten des Einfamilienhauses nach dem

Kukuruz. Krähen, Mäusebussard,
Antennenschüssel sind Schnäbel
und Wegzehrung in einem. Das kleine
Feld verdorrter Sonnenblumen reißt
sich aus und fährt mit.

SICH DER ZUG DURCH DIE LANDSCHAFT BOHRT,
Borkenkäfer unter der Schale des Horizonts

und die Wörter ausgeworfen werden, Angelhaken
an Fischerschnüren, bereit für den Drill.

Kirschbaum im Schlepptau, das Mosaik auf
dem Leopold Kunschak-Hof. Legst Postkästen

dazu, die Fluchten zwischen den Baumstämmen,
den eingewinterten Swimmingpool in der

Vorstadtsiedlung. Ein abgestellter Wohnwagen,
Vehikel des Aufbruchs, samt demolierter

Blumenkistl kurz vor dem Hauptbahnhof.
Vögel auf der Fernsehantenne, leises

Schnarchen der Mitreisenden, ein bunter
Spraydosencontainer, eine Eislaufbahn.

Horizontschale weggebrochen, feiner
Staub rieselt auf das Gelände.

MOOSBEWACHSENER GARTENZAUN,
das vergangenheitstriefende Halleluja,
Fischvogel hebt ab, Gleitflug in die
Kartenpost, ein jahrelanges Unterwegs,
ein Warten auf den Moment. Da schlägt
sie ein, die Schrift, schlägt ein

das Wort, das Bild. Verloren geglaubter
Spiegel, sitzt mit am Tisch, brüllt
sein: Dreh dich nicht um, schnür deinen
Schuh! Ist Fisch, ist Vogel, Sprühregen
und Funkenflug. Schab das Moos vom
Zaun, gieß Öl ins Feuer, wirf den Fisch

in die Pfanne, rupf den Vogel für ein
Späteres! Die Nächte schwarze Löcher,
der Tag das Austrocknen im Wartesitz.
Der Pegel fällt, der Druck fällt,
wann wird der Puls hörbar, und ist
das Einklinken in die Konturen

der Zeichnung möglich? Sie gleiten
aus dem Wasser in die Luft, ohne Begehr
und ohne mit der Wimper zu zucken,
und lösen sich auf in den Fasern des
Papiers. Gelöscht und bewahrt; ein Tritt
und die Wohnungstür fällt ins Schloss.

AUF DEM VERPUTZ DER STIEGE
wächst das Flechtengrün,
darüber die Triebe der Weinrebe.

Kopf nach links, der Schürhaken,
das Nudelsieb, Kopf nach rechts,
die Hausschlapfen, Polster Katzenmotiv.

Atmen mit dem brennenden Holz,
mit dem leisen Zischen des Kochtopfs.
Bist noch immer zu wenig aufgesagt,

holst dir das Grau von den Bergen,
das schwarzstrichige kleingewellte
Wasser. In der Geräumigkeit von Zeit

und Haus legst du die Holzscheiter
nach, überlässt du die Horchposten
den Kormoranen und Säbelzahntauchern.

Ihr Geleitschutz hängt als
ausgestopfte Haut an der Wand.
Von Zeit zu Zeit mit feuchtem Tuch
gereinigt glänzt sie wie neu.

DURCH DEN NEBELFILM GEZOGEN,
der dunkle Bach, das schwarze Astwerk

Endlospapier. Zwingt das Hofgeviert
auf den Klanggrund, stellt das

rotleuchtende Bahnschrankenlicht an
den Rand. Eingetaucht in den Schneefall,

Schemen der Leute am Bahnsteig und
als Spiegel ein schreiender Postkasten.

Rundum feinste Tuschfederstriche,
zartkolorierte Blätter. Schottergruben,

Baumstümpfe mit hochgerissenen Wurzeln,
Windschraffur auf dem weißbestäubten

Feldweg. Ein verrostetes Güllefass
steht im Schatten der Fichte.

DIE HÄUSER ALS STRICH,
dann Länge mal Breite, dann die Erinnerung

an Autoreifen zwischen Sträuchern, während
die Feldhasen auf- und davonspringen. Leere

Güterwagons, Pfähle, Stelen, Tunnelschwärze,
die zurückwirft auf das Wageninnere. Künstliches

Licht, Bahnreisende bei sich, körperbeschwert.
Neuerliches Heraus in die Landschaft, ein Befreiungs-

schlag. Kein Schneefall mehr, scharfe Konturen.
Farbe fettet auf. Im Taschenbuch glüht ein Name.

NICHT ABSETZEN,
Begrenzungspflöcke wahrnehmen, die Bahnübergänge,
Erdaushub und Bildstöcke. Die Sonne von hinten,

ein Blau, ein mediterranes Grün, hochgefahren
in die Kuppel, laszives Schaukeln im Tag-
und Nachtwerk der Sturzbäche und Reisighaufen.

Trainristo service to have friends, kracht die
Helligkeit auf Maulwurfshügel in die Nachtschatten-
gewächse des Grafitstiftes. Kirche reckt den Turm,

aufzeig die Gemäuerwucht, hineingestopft in die
Geschlechter und als Samenbällchen rollen
Mistelfrüchte über den Akt.

Das Fenster mit den gehäkelten Elefanten,
der Krückstockschritt zu den Mülltonnen,
hier das Plastik, dort das Zeitungspapier.

Die Antennen der Autos stechen in den
Parkplatzhimmel, es sind Besenstiele, Fluggeräte,
sie verreisen auf der Stelle zu den Blumentöpfen

und den knarrenden Holzstiegen der Erinnerung.
Als Wasser rinnt sie den Rücken hinunter, vermischt
sich mit den aufgeschlitzten Zementsäcken.

Geld unter der Bettmatratze, die Liegenschaft
im Rucksack. Von Zimmerwand zu
Zimmerwand springt der Vollgummiball.

Das Kind spielt Krokodil, stapelt die Plüschtiere
auf dem Sofa, das zum Schiff wird.
Segel setzen, Anker lichten und die Topfpflanzen gießen!

NETTE SILBERTANNEN
im Gemüsegarten,
dazu Fenchel und
jede Menge Unkrautsalz.

Zwischen leidlich
bemalten Milchpackungen
und gründlich geplanter
Holzschwertproduktion

empfehlen sich
die Wohnblocks
zum Überfliegen.

Fliegst mit den Papierdrachen,
drehst dich um: Overalls und Geschenkskerzen.

Zählst die Bohrlöcher an der Stellageinnenseite.
Schneeschmelze ist. Bahnkarten werden gekauft.

Der Süden besetzt den Kopf, zaubert dünnes
Bettlaken in Weiß, knöpft sich das leise

Schnarchen vor. Auf dem Tisch liegt die
Weltkarte und du kreist mit der Zirkelspitze.

**ABSOLUT ROLLLÄDEN,**
Bunker unterstes Stockwerk,
in den Fenstern der Turnhalle
sich spiegelndes Gebirge.

Kein Regen, kein Schnee,
keine verfaulten Birnen im Gras.
Bank und Tisch auf dem Balkon
mit schwarzem Kunststoff zugedeckt.

Die laufenden Fernsehbilder
eine Häckselmaschine.
Minitraumfetzen.
Thrombosegefahr,

sodass die Pfropfen abfahren
und schon im Gehirn explodiert sind.
Abführmittel Bulimie.
Ununterbrochenes Fernsehklo.

DURCHWÜHLST
den ockerglitzernden Teppichboden.

Indianerfiguren da und dort,
Kaugummigebirge, Schanzengräben,
aus denen die Gewehrläufe in den

Himmel aufzucken. Das Grab ist mit
Kränzen und Blumen zugedeckt,
erfroren und dann aufgetaut hängen

Blüten und Blätter. Schleifen
und Schriftlinien wuchern.
Unter den Fingernägeln die Perlköpfe

der Stecknadeln.

Angewurzelt Fenstergriff und Aktentasche,
Tixoband und Kofferradio, sie glosen
vor übergestülpter Erwartung. Legt los

mit euren Empfehlungen, schießt ins
Kraut mit der virtuellen Schubumkehr.
Die Keimlinge lauern, die Supermarktprimeln

entfalten ihre Zuchtblüten. Uralte
Paradeiser im Kühlschrank. Immer schwerer
fällt es die Nahversorgung aufrechtzuhalten.

Die Zunge platzt aus dem Mund
und fällt kundig unter die Schaufensteraugen.

Bequem lachen. Die backenknochenblitzende
Frau. Krampen und Schaufel und Königskerze.

Elfenbeinzähne singen das Maß. Aus den
Körperverrenkungen kracht das trockene

Licht und verstaubt am Boden,
schlangenkopfgroß.

DIE ABWASCHWARMEN HÄNDE,
kürbisgroße Eiterbeulen,

zerfließende Regenjacken,
ein Netzwerk von

Gesichtsstrichen und
Lippenkuverts. Nirgends der

Anhaltspunkt Pfingstschloss
Kammersonate Mülltonnenkopf.

Kurz vor der Entbindung das
zusammengerechte Laub ein

zischendes Feuerwerk.

NICHT DER KELLER,
nicht die Bilder,
nicht das Kussohr
und sein verwandter

Haarflaum: Weg!
Durchgefallen
und über den
Leichengeruch in
den Aluleiterbereich

hochgestemmt. Ein
grimassierender
Ohrmuskel.
Nächtelanges
Kopfschütteln.

BIENENSCHWÄRME
und pointillierte Muster

in den leicht geschwollenen
Mund. Sämtliche Fäden

im Organbereich selbst-
auflösend. Und die

Narben? Teile eingeringelter
Löwenzahnhaut im Wasserbad.

ACRYLFARBENGLÄSER,
zusammenflickte Unfallknie.
Das Tretboot wird ins
Winterquartier gebracht,

aber jetzt zentimeterdicke
Aalstücke, sie vermischen
sich mit der Klospülung
und der Bereitschaft

zum Fußballspielschauen.
Am Wiesenhang kommt
der Schafmisthaufen ins
Bild.

EINE NACHT UNTER WOHLGENÄHRTEN RATTEN.
Fritattensuppe schmeckt den Kindern.
Geflügelfleisch ist leicht zu tranchieren.
Viele Fußabdrücke im Schnee.

Eine Maus zischt die Hauswand hoch.
Soweit das Zischen. Ein Ameisenbär
auf dem Steg? Kein Ameisenbär
auf dem Steg. So geht es mitten

ins Herz der Finanzprokuratur.

HALTEVERBOTSTAFEL,
das schlingernde Treiben
der Trauerweide, schütteres
aufgemopstes Haar und eine
Auspuffwolke.

DIE FINGER SIND SCHWER,

die Träume dick: Eitrig verkrustete Wunden,
und es springt in den Blusen, die Schnauzen

wilder Katzen an einem Nasenring durch das
Lokal gezogen, bei gleichzeitigem Vertrauen

in die Stabilität der Wechselkurse. Auflösen,
eintauchen, nackt, und ein Hut und Puten:

Gleichmut des Lichtes über dem Flieder,
Trägheitsmoment aus fliegenden Schaufeln

und Nierostaketten. Draußen walzt der Eis-
wind die letzten verdorrten Grasgarben nieder.

Holztrog und Kaninchenteile liefern den
Beipackzettel. Jeder Blick aus dem Fenster

ein Schluck Zwetschkenschnaps.

SCHON LANGE DIE NACHZEICHNUNG DER NATUR,
das Zusammenziehen, der Moment äußerster

Spannkraft, das Loslassen, Prinzip
Herzmuskel, hier als komplexes System

der Wörter. Blut, das durch und durch ge-
pumpt wird, bis hin zu den feinsten Ver-

ästelungen, diesen Fühlern an der Ober-
fläche, die alles wahrnehmen, einschließlich

sich selber als Außen oder Innen und den
ganzen Ballawatsch zu einem vereinfachten

Kreislauf verkochen, sodass man letzlich
wieder dort anfängt, wo man begonnen hat,

aber wer kann sagen, wo das war?

IN SPINNWEBNETZE GESPROCHEN,
ein Beginnen, Herausschrecken,

Herauslocken. Das Zusehen schnell
abgewürgt in die Kommoden der

alten Wohnzimmerschränke und
kaputten Glühlampenkerzen,

hier, am Rand dieses Halses
sieht man hinab in das Lauern

einer dunstverhangenen Landschaft,
in die es, wie man bemerkt,

nur so hineinregnet.

## DIE SCHRITTE

am Asphalt,
tauglänzendes Gras.
Geschrei aus der
Turnhalle,
wie gestern,
morgen.

Die Sträucher
stehen ruhig,
Flieder bricht
eben auf.
Unwiderlegbar
die farbigen

Geschlechtsteile
der Blumen,
und im feinen
Sand die
Regenlandschaft:
Augenaufguss.

## Er hat seine

Organe an
die Kandare
genommen,
ihnen den
notwendigen
Maulkorb
verpaßt,
sie hinter
meterdicken
Mauern
eingekerkert
und langsam
verfaulen
lassen.

GIB DOCH ZU,

dass dir gelegentlich
die Vernichtung zum
lustvollen Schnörkel wird.

Das bist du: Waffenarsenal,
Wahnwitz, Ohnmacht, besser
noch kaputtes Wohnzimmerfenster,

und die Einsicht: eitle Geste
der Aufrichtigkeit.

DIE ZERMALMTEN KIEFER,
das Aufbäumen als winziges

Verschieben der Mundwinkel
und das Aufreißen der Augen-

lider ein Unerhörtes.
Hier stehen wir, Blume,

Fliedertrieb, ohne fal-
lende Blätter, ohne ver-

modernden Sarg. Mittag ist.
Hubschrauber ist zu hören.

Kasernen sind in der Nähe.
Die Katzen liegen lang-

gestreckt im Schatten. Den
Schweiß treibt es heraus.

Sämtliche Tischtennisbälle
sind kaputt und überhaupt

reicht es.

INS BLÄTTERRAUSCHEN

des Ahorns

die Kränkung hängen,

den Purzelbaum

weggeredetes

Strohfeuer,

Kugelblitz und

Erdäpfelerotik,

Totalabverkauf.

MUSTER ROHMATERIAL,

wo es genügt, wenn eine alte
Frau mit zwei Taschen durch den

Ort taumelt. Nicht anhalten
heißt den Raststätten misstrauen,

die Brücken schnell überqueren,
noch die Einstürze im Kopf, das

Knacken der Gelenke am Bildschirm
und weggerissen donnert der

Armstumpf in einer wilden
Einbahn zu Tal.

Nur den Finger rühren,

Abfahrt Existenz,
doch Liftkabine
innen,

Fotoblitz,
Sockel verpaßt
und langsam
zockelt es
wieder

parterrewerts.

## ELEFANT STRAFFT DEN RÜSSEL,

Trompetenton, Trichtersog,

Dingakkumulator, ein wachsendes

schweres Geschlechtsmerkmal,

hopsgenommene Bildlichkeit,

das wären also die geduldig

streichelnden Hände und

das Trampeltier hängt plötzlich

am Felsvorsprung, hunderte

Meter Tiefe; lässt los und

fällt, elegante Tiraden, in

den eigenen Schrei, der zer-

schmettert sich umgehend als

Elefant auf den Weg macht.

## Davor die mächtigen Kastanienbäume;

zerrt an diesem Hin und Her der
Insekten, den frisch verwelkten

Blättern, kocht sich den Durchzugs-
verkehr, ohne an irgendeinen Berufs-

zweig, sei es Schlosser oder Bank-
angestellter zu denken, schneidet

Grimassen, duckt sich unter den
abbröckelnden roten Lack der Holz-

bank: genau! Die grünen Abfallkübel
aus verzinktem Blech; weggehörte

Nachrichten, Stromleitungen passé,
hier, die glitzernden Fahrradspeichen,

das Nicht-zur-Ruhe-kommen-Wollen, um
sich endlich befriedigt niederzulegen.

Kein Geruch, kein Pferd, kein
Fallobst: Schnitt. Schutt.

So

erwischt es
dich, schneidet

einen groben
Strich in die

Komplexität:
Anstelle jeder

Nervenzelle
eine Prothese.

UNENTWEGT,
umsichtig,

sodass keine
Wahrnehmung,

sondern ein
nicht unter-

scheidbares
Glühen von

Oberfläche:
Versteck

aller
Brand-

wunden.

BELICHTUNGSMESSER

Bis zum Abtreten die

überfüllte ranzige

Vorratskammer Körper.

**DREHST AN ALLEN KANÄLEN**
gleichzeitig, fliegst

durch das Rauschen,
ruderst wo auch immer,

jede Falltür ist recht,
jeder Strick ein Hoch-

kommen, die Geschwindigkeit
ein wachsendes Armhaar

vor deinem Auge, herum-
fuchtelnd in der

nächtlichen Helle reißt
das Gewand in Fetzen,

mea culpa schwitzend,
Kälte und Hitze mit

gefühligem Finger sich
ins Weite verlierend:

Winkewinke.

## Ist das ein Weg

heraus? So ein
verkehrter mit
bohrenden Ohren?

Es geht um
Schiffsbaumodelle.

Selbst die Sonnen-
finsternis wird
verschüttet.

SEITENBLICK HINTERN,
groß, weggehend

zu den Grünpflanzen
im Warteraum der

Ordination, wo der
nachgeworfene Krückstock

das Erlebnisfett
bereits ausgeträumt

hat. Das Schnäuztuch
verschwindet

zusammengeknüllt
in der Hosentasche.

SONNENLINIE KÖRPER,
hochrückender Blick,

Pflanzenextrakte gegen
den Marderbiss, das heißt

Abschieben ins Regal,
in die Dunkelheit

Fensterglas. Aus dieser
Konstellation folgt junges

Schlittschuh laufendes
Paar, das seine

Blickpirouetten dreht und
in der Garderobe endet:

gelüpft, Vielfachhände,
Mitbringsel Eisplatzrand

und weicher Schnee.

## PICKEL GEZÜCKT,

Gesteinsbrocken rollen, Wald
lichtet sich, Seerosen werden
zusammengefischt und auf den

Kompost geworfen: Hier
der gebrochene Arm in der
Schlinge, da ein Diskurs

aus Zwirn und Gebissregulierung,
dort der Andromedanebel, und
das Zugpferd Leuchtreklame

auf Umwegen direkt in das
Herz des Betriebes: Wir Ge-
stalter.

## Bis zur Letzten

Brunft ausgepisst

hängt die Niere

über dem Dach.

AUF EINMAL IST ES WEG.
Wo ist es hingekommen?

Keine Frage mehr zu hören.
Keine Antwort mehr.

Stadtlicht. Nein.
Die Dunkelheit. Nein.

Weiß nichts mehr.
Das Nichtwissen ein

Schenkel, der aus dem
Zeichenblatt sticht.

Danach die Kreissäge.
Danach das Vorbeisein.

Hin- und herüberlegende Augen,
die plötzlich geschlossen werden.

Leise reiben die Korbsessel
aneinander. Gedörrte Zwetschken.

Vermoderte Buchenscheiter.
Die Gartenerdbeeren blühen.

Die Nieren schreien. Am Dach
verwest höflich der Vogel.

**Bestenfalls billige Keramikfliesen,**
das soll auch so sein! Sowohl Frauen
als auch Männer haben ein gewisses
Interesse. Die regelmäßigen Flugzeug-
überflüge werden im Rahmenprogramm
einer Gemeinschaft geregelt. Das
Gras wächst wieder. Kartenspielen
ist erlaubt. Es gibt einen Grund-
konsens. Alles liegt im Blickfeld.
Fruchtsaftimporte kosten nicht
nur Geld. Die Energie liegt auf der
Straße. Die Sitzbänke sind geduldig.
Wir sind im Herbstwald. Struktur-
maßnahmen sind notwendig. Spinnen
haben nichts zu lachen. Die Gewalt
hält an sich, dann platzt sie her-
aus, dann ist es vorbei. Die
Hauskatze muss einiges ertragen.

## Das Staublicht

rutscht von der

Kirchturmkuppel.

Husch ist es

weg.

Die Nächtigungszahlen steigen wieder,
Tapeten atmen Haut, zarte Linien, sich

verbergende Frostbeulen und Gehörschäden.
Jeder Augenblick strapaziert den Absturz,

jeder winzigste Baumwollrest bewegt
die Überfülle der Gleichzeitigkeit.

Kaugummis platzen im Gesicht. Rosskäfer
schleppen ihre Namen. Die Überheblichkeit

schreibt sich einen fortwährenden
Fensterplatz in die Stille.

KEIN GLEICHMUT,
keine klare Linie,
kein Verlass.

Aufruhr setzt
Strich für
Strich.

Grenzpflöcke
werden
ausgerissen:

Verkehrt
verwachsene
Augen.

BRÜLLTE DIE KATZE,

rotierte der Wetterhahn,
die Konzertsäle schmolzen,

aus den Reihen der Zuschauer
hörte man die unterschiedlichsten

Stimmen, alle gierten nach
frischem Laub, reifen Kastanien

und die Wege gingen ihre
eigene Einfassung entlang.

## KILOMETERWEIT

hüpfte es vor dem inneren Auge
und trug die Gestaltungs-

ahnung in sich, um schließlich als Ge-
birge in einem Fettherz zu landen.

Längst knabbern die Mäuse an den
Ahnungsresten oder es schaut

dich der rundum angebissene Apfel
am Tisch so an, als wäre kein Wort

mehr nötig, als wäre nicht einmal
kein Wort mehr nötig.

DU NIMMST DIE WARMHALTEKANNE
und springst vom Keramikteller zur

Schreibtischlampe, zur Klobrille,
zum Lichtschalter.

Die Splitter haben Augen, mit
denen sie sich geschwind an

die Dinge hängen.

## SONNE

in den oberen Regionen.
Wir Alltagshelden! Wir

Fahnenverheizer! Das
Eigenheimauto neben

dem Gehsteig geparkt.
Die vormittägliche Ruhe

in den Knochen, im
zittrigen Stift. Was heißt

zittrig? Berserkerhaft
hüpft er übers Blatt,

schlägt sich kostbar durch
die Fülle. Die Angebote

sind riesig. Die Kauf-
kraft ist enorm. Die

Schneefelder erreichen die
ortsübliche Untergrenze.

Und dann? Bahnhofklos,
Brücken, Abbruchhäuser:

Schwammerl in Rahmsoß.

## Selbst

die Schreibtischlampe
reckte den schlanken Hals,
nächtens hämmerte die

Musik aus schmuddeligen
Lautsprechern. Der Mond
zeigte stolz seinen Trabanten,

die Pullover troffen vor Nässe.
Am Boden, zum Sekt und
zum geräucherten Fisch:

Schneeflocke auf warmer
Haut.

KOSTENRECHNUNG,

Sozialethik,

Menschenrechtskodex,

Wirkungsabsicht,

während doch,

zuerst einmal,

nur das

Horchen

ist.

KLARTEXT
Fliege,

Akkumulations-
strategie.

Gespannte
Plastikschnüre.

Der Griff
in die Steckdose.

Luftballon
kaputt.

SCHÖPFLÖFFEL,
Hackbrett, Nudelsieb,

das in die Luft geworfene
Glück. Langsam rieselt

es herab: Die leicht
gegeneinander scheppernden,

singenden Flaschen am
rumpelnden alten Kühl-

schrank sind mit einem-
mal Bleiplatten oder dicke

fette Karpfen, die dir mit
den großen Saugnäpfen

ihrer Mäuler das Eingeweide
aus dem Leib flutschen.

WARUM

muss in jedes Ding
der eigene Körper-

zustand hineingeprügelt
werden? Das Haus wächst:

Die Sonnenzimmer! Fassaden-
farbe! Dach! Balkon!

Nun stopfst du die
Zimmer voll mit Ei-

dechsen, Plastikeiern,
Plüschfiguren, Krawatten,

Hängebauchschweinen,
Hollerschnaps, Sand-

kisten, Rebhuhnrezepten
auf ungarische Art,

Laubsägearbeiten und
Steinpilzsuppen.

ZWISCHENGESANG

des Kühlschranks,
freigegeben zur
Adoption:

Dampfwalze von rechts,
Dampfwalze von links,
Einschuss Mitte:

Weich dasitzendes
dreiuhrmorgendliches
Gesäß.

DIE KRACHENDE KÄLTE,
Amalgamplomben zum besseren Wettlauf, der die Gärten umgräbt, sich die

Bauernkrapfen zu Eigen macht und
Großtannen durch die Gegend chauffiert.
Halt es fest, zwischen den Fingern,

das rinnende Frühlingslicht,
Tempomarke, Aufstand der Knödel
in Hals, Kragen, Cordhosen,

nicht hervorgezerrt, sondern behutsam
angefasst, als wären sie von selbst, und
kein Gedanke knüpfe den Strick.

## TRINKGLAS, STEMMEISEN,

Zuckerdose wird abgeworfen:
Gesprenkeltes Land, knusprige
Gegenstände, die in den Mund

geschoben werden: Drachenflüge. Du
fällst in jedes Luftloch und
schon greift dich der Aufwind:

Gabel und Messer wie Zug
und Auto, kleine Katzenkeramik
und schon schnurrt der Lift. Weg

da! Hemdärmelig, springend, schnee-
ballwerfend, die Grußhand hochge-
worfen, klappert es den frischen

Morgen in Winterreifen ab.

## GRIMASSE

Kübelspeck,

säuft sich

gründlich

ans Licht.

SCHNECKEN,

Schneepflüge, Autobahn verbunden
mit dem wichtigen Einkauf.

Den Leistenbruch gleich mitoperiert.
Wo wir zu Hause sind ist Hochzeit,

das Frühlingsfest, der blühende Kirschbaum.
Wo wir zu Hause sind ist niemand:

So füllen wir die Zimmer. Im Eil-
tempo leben wir die Dinge und

schupfen ihre Kadaver möglichst
methodisch hin und her.

WEGWERFEN,

in den Boden stampfen, weil da kein Geruch,
keine Farbe. Denselben Nagel in dasselbe

vermodernde Sitzgestell geschlagen.
Zusammengepresst in einer Kabine werden

Seile ausgeworfen, Netzschaften, in denen Bienen,
Klatschmohn, Feuerbohnen hängen. Es ist nichts

mit dem Marmorkuchen, die Schritte ungefähr,
lange Liste der Besorgungen: sei es Dreieckskäse,

Zyklopenauge oder Gemeiner Knöterich.
Speisereste, aus den Zahnlöchern

gesaugt: Lernprogramm Schlucken.

SCHNITTE IN DER KEHLE
der Körper ist weich

und die Säfte purzeln
die Straße hinunter

Die Sätze treiben die
Spaziergänger unter

die Sitzschalen der Auto-
großhändlerangebote

sag mir noch einmal
die Hand in mein Ohr

gib noch einmal dein
Haar zu den Katzen-

augen des Pflasters
Komisch stehen die

Füße herum ein
anderes Jahr

## Schönheit Pullover

weißgrau fallend
Schwarze Tasche Rock

gehalten noch den braunen Schuh
den gestreckten Fuß

mit flinkem Blick
und Kopf am Knie

ihr zarten Knochenfinger

KEIN STÜCK LAND
Reste aus Uraltwerk
und Börsenwind. Zer-

brochene Mägen,
flankiert mit Träger-
raketen, kleine Muster

aus Karton und Körper
ins gesellige Leben
gestellt. Organ-

teilservice einge-
richtet. Leber,
Niere im Billig-

preis, über den
Kamm geschert:
Eine beachtliche

Karambolage.

**DIE GESTEINSBROCKEN**
der Zuneigung und sie heben

den Buckel. Ihr vielen Tauben-
züchtervereine, die ihr aus

dem Buckel der Steine zu uns
kommt. Hammer und Meißel

nehmen wir, dabei genügt
das Blatt, das bereits

nackte Geäst. Austrinken
den Stein, das Geäst, das

Blatt. Es geht herbstlich
zu.

## DA SUCHT JEMAND

Bierflaschen und deren chemische
Konsistenz. Da liegt eine kleine

Schere herum, Klebstoff, auswasch-
bar, die flinke Flasche. Kopf,

Hand, Hals, zugestopft. Asche in
den Teich. Was geht vor? Dein

zurückgestreiftes Haar. Geht die
Sonne normal auf. Wusch! räumt

die Kehrmaschine den Dreck in
den Bauch. Verlebendigung: Das

Vergehen ein Schöpfungsakt. Nicht
deine Arme und Augen aus dem

Rinnstein basteln, sondern?
Ganz ruhig sein im leicht-

bewegten Ahornblatt.

## Die Stimme sagt

Fahrräder, doch sie hat
gezögert. Es wird eine
gleichgültige Stimme

sein. Was tun mit
einer gleichgültigen
Stimme? Wegschmeißen!

## Aus der Teekanne wächst

ein Krepppapierdrache.
Innigkeit der Dinge und
Elektroöfen, wie weit weg
vom bloßen Auge heizt ihr
die Blüten der Schneerose
auf, wuchtet ihr die rot-
geäderten Stängel ins grau-
feuchte Tageslicht, einge-
fasst von Zeder und Buchs-
baum? Bleib in der
vollen Nachlässigkeit des
Zimmers, der Humusbereitung
verrosteter Zäune und alt-
gewordener Stehleitern!
Hinter dem Rücken fallen
die Knospen und treiben
die Augenblicke aus.
Regen wäscht darüber.
Wolkenbewegung ins
Starrstehende:
Panoramawerbung.

## Ausgepresste Zitrone,

hilfreiche Fahrradpumpe, das heißt
praxisbezogener Bilderfall, nebst
der Tatsache von drückenden Schuhen
und abgetragenen Pullovern. Fliegt
die Schweißwahrheit in die Niemands-
kanäle, aus denen das pure Gold
tropft, oder wechselt er schnell die
Straßenseite, bevor der Blick den
Asphalt aufschlitzt? Tanzende Be-
leuchtungskörper. Honig bis in die
oberen Partien. Die Botschaft seit
eh und je *sorge dich nicht*. Bei
Bedarf rekrutiert das Vokabular
ein Bienenvolk. Wohlweisliche
Gartenmöbel stehen als spröde
Richtigkeit in den Vorräumen.
Der Einzelhändler liefert eine
Daunendecke mit frischgewaschenem
Bezug. So ist alles in dem gewissen
Duft, jede Regelwidrigkeit eine
Nuance der Solostimme. Sie geht in
einer rasch gelöffelten Grießnockerl-
suppe nie ganz verloren, tropft das
ausgepresste Gelatineherz in die
Schweinskopfsulz. Ganz nah am
Küchenboden und den trocknenden
Frottierhandtüchern, heißt es Stellung
beziehen. Stellung ein Lebtag lang
im Bildersturm zurückverkrochener
Augenbrauen. Wie sie hasenschnell
über die Wiese rennen!

## SCHUTZSCHILD

aus kopfstützenden Händen und
ärmelaufgekrempelter Säugetier-
plastik. Keine Diktiergeräte in
eure Balkonnischen, wo die
Efeuattrappen herumlungern. Bei
guter Sicht die klare Silhouette
der Gebirgskörper, die auf Beine
gestellt vorbeirumpeln. Du bist
so ein Gebirgskörper über das
Geländer gebeugt, dass die Schatten
der Fische die Mäuler auf- und
zumachen. So ein Maul bist du,
Gebirgsbrocken spuckend, Äste
verschlingend, Schutzschrott
vor die Eigenheimtür karrend.
Hier der Merkzettel: Spinat,
Leberkäse, Kopierpapier,
Orangensaft, Post.

## Die Lebendigkeit

gut gezeichneter

Milchkühe.

## Torso
Schweinevorrat

an verzinkten
Schrauben
hängend.

Es brutzeln
die zuckenden
Augen.

## Bis obenhin alte Ziegeldächer

und wo sie hinschlichten
am winzigen Kaffeehaustisch?

Verstreute Teebeutelinhalte.
Flugsimulationsaktionen.

KLEINE HÄUSER, KLEINE KIRCHEN,
gähnende Sessel auf die Abfahrtspiste
gestellt. Nichts weiter als die Zug-

posaune, der zuständige Herr für die
Raumordnung, fortgeschafft in den
sorgfältig tapezierten Ohrenstoff.

Weggeschafft den leuchtenden Lippen-
stift, die argwöhnischen Blicke des
Kassiers, die Deckenbeleuchtung.

Abgedreht das örtliche Wasserleitungs-
system, zugestopft den städtischen
Kanal, gerade noch den Zug erreicht,

aufgesprungen, sichs langsam im
Abteil bequem gemacht.

PUPPENKOPF,

ausgebuddelt, deine
Arbeit Niemandsbrücke,

dicker Hals, nackt und
alle Füße gleich. Park-

wächter Klangmotiv,
schnittige Jacke, zuge-

spitzt, eine Waschmittel-
packung links, ein Koffer

rechts und geht dahin.

IST DAS DRÖHNEN DES BODENS,

ist das Nasenbohren, das Pissoirbecken,
die langsam aufquellende Leinsamenfrucht.

Legt Köder aus, zieht die Köder weg.
Sich wegwühlen, sich durch die Schwing-

türen davonstehlen, sich das Rascheln
der Illustrierten einverleiben.

Gemurmel im Bahnhofsrestaurant,
angesengte Tischtücher. Im Spiegel

ein weich gekochtes Syntaxgesicht.

## Flaschenpost Kaiserschmarren
Pech unterm Strich der dicken Schuhe,
der dicken Abschiede im Gepäck. Der

anbrechende Abend Wunsch-
listenschwur: Nacht aus
Kerzenwachspfropfen, aufgeschleimtem

Ohr: Starke Zeit der Röhrlinge.
Vergraben im rinnenden Zeichenstift.
Die Umrisse eines gebrauchten

Holzbootes wie zufällig im Obst-
keller. Sandkastenspiele
und Kalbsbratensaft.

Buschgesträuch,
Wintergras, struppig,
ausgebleicht, entlang
des Baches, Häuser-
kleingeviert, dampfendes
Industrieinsekt, so
luftschwingend beinahe
herkunftslos über
den Dächern, daliegend
als kolossaler Erd-
haufen und zerrissene
Abdeckplane für das
Stroh. Birken und
Eichen am Waldrand
und wieder Birken
und Eichen und das
unterschiedlichste
Grün der Felder.

STRASSE NASS,

Teiche und Container,
die im Zugrhythmus schaukelnden Füße.
Eine Baumzeile exakt der Sonne zugeneigt.
Silo. Silo.

In besprühter Wand neben den glänzenden Schienen,
gespiegelt im Dahinfließen unter der Brücke,
abgestanden in der Bahnhofshalle,
verschimmelt in Landschafts- und Gebäudeverwaltung,

setzt sich der
Organismus ständig
neu und verkehrt
zusammen.

## Die Fensterplatzmentalität

des Ich und

seine meterbreit

giftspritzende

Früchtewachstumsvision.

Bist ganz die über den
Kopf gezogene Schuppenhaut,
das eilige und bisweilen
königlich verwaiste Kirchen-
schiff, krachend in den
fiebrigen Kälte-, Hitze-
schüben. Die Rolltreppen
rattern unaufhörlich.
Stehender, wartender
Retourgeldkörper, ver-
siegelt, eingeschweißt,
verschollen im Lokal-
inneren; hektische
Musikmaschinen und der
Reflex des Ausgespuckt-
seins häuft Schweigewut
als Klettersteige und
Schipisten, Motorroller
und Badewannenstöpsel.
Dahinter der bewegte
Vorhang fallenden Schnees.

IN DER LEICHTGEWORDENEN

Mietwohnungsluft die Schau-
einfalt: Ein Nahrungsberg,

der in entsprechende Gips- oder
Plastikformen zu gießen wäre.

Ein unterirdisches Großstadt-
verkehrsnetz, wo die schnellen

U-Bahngarnituren vorbeizischen.
Ständiges Zusammengehen und

Ablösen der Nervenzellen. Unter
meterdicken Betondecken ein viel-

fach in jede Richtung sich davon-
machendes Unterwegssein.

WANNE, SCHAUFEL, WOLKEN, HAAR,
sie schlummern in der Kammer.
Tür abgesperrt! Motorengeräusch,
da, dort, ineinanderfahrendes
fließendes Hin und Her, Botschaften,
Interventionen, Sonderverträge,
geschlossene Hotelzimmersuiten,
in denen unter strengsten Sicher-
heitsvorkehrungen Verträge aus-
verhandelt werden. Wie lange
reichen die Lebensmittelvorräte?
Welchen Magnetfeldern unterliegen
Wanne, Schaufel, Wolken, Haar?
Oder sind es Transportmittel?
oder Eckdaten der Logistik?
Auf einmal ist Frühling, auf
einmal wachsen die Märzenbecher.
Zugvögel die ganze Nacht.
Es brennt wieder in den Birn-
baumknospen eines jahrelang
andauernden Blicks.

Die Schnitte am Boden,

quellendes Fleisch. Die chemische
Substanz sucht den Weg zurück in

die gefühligen Finger. Neben bunt
bemalten Steinen trocknende Ge-

schirrtücher: Geschichten vom
Wandern und Umkehren.

**Was tut die Hand?**
Wie steht der Mond?
Sind Vögel am Werk?
Ist der Zwieback aus?
Es drückt fast den
Magen zum Hals herauf.
Er ist gefüllt
mit dem bunten Hunger,
mit dem gestarteten
Automotor und dem
neuen Schnellkochtopf.
Prüf den Dichtungsgummi,
lass dir ein paar Dinge
erklären, richte die
Baumwolltasche für
das Frühstücksgebäck!
Das Wohnungsgehäuse
horcht sich aus,
fällt immer weiter
in die zugepappten
Ohren. Der Mund
schluckt die Mist-
brocken, Bissen um
Bissen. Das Gesäß
wächst.

DAS VORRATSFETT IST SCHNELL VERBRAUCHT.
Die Rutschpartie abrupt zu Ende.

Felsbröcke lungern den Weg. Das
zugewachsene Haus erstickt jeden

Fingerzeig. Witzbold im Chefsessel
einer falsch verstandenen Bergamott-

ölindustrie. So wächst sich ein Berg-
gipfel aus und spuckt dich auf der

anderen Seite wieder hinunter,
flüssig, mit Turnschuhen und mit

einer nachlässig umgehängten Jacke,
als wärst du tatsächlich auf Ausflug.

## Bergab im schnittigen

Design der Versteinerung,

dann spreizt ein Wort

die Flügel und kratzt

das Relief in den Tunnel.

EINGEGRAUT DAS SITZEN,
Wartehalle, faltiges Wasser.
Wind aus allen Richtungen.

Die Hornhaut wächst zentimeter-
dick. Das Innere verfault,
währenddessen das Dreiliter-

auto in Serienproduktion
hergestellt wird und
intelligente Finanzierungen

gefragt sind. Vergrab die
Häuser, den Entenkragen,
häng den ameisenzerfressenen

Karpfenkopf in den spät-
sommerlichen Gartenbetrieb.
Küche durchgehend geöffnet.

**Das gleissende Licht**
schüttelt den Baum, wissend,

dass Dasitzen kein Verdienst
ist, geschweige denn eine

Entschuldigung, und die Frage
wofür? noch keinen Wolkenbruch-

tag sichtbar macht und der-
gleichen ja überhaupt nicht

gefordert ist. Sehnsucht
Haltestellen als blinkende

Bergschuhösen, aber der
Horizont erwärmt sich kaum.

DAS KLEINSTE HÄRCHEN
meldete Sonne, Regen, Wasserfall,
dann Steine, Wüste, Trockendock:
Ein Ausharren inmitten technisch
ausgereifter Stoffbezüge und
ausziehbarer Sofas.

Bis sie austreiben, bis ihnen
Ohrläppchen wachsen und Gras-
brüste, und Zwetschkenröster
und das kleinste Härchen
gegessen wird.

SCHWINDELBAHNHOF,
Turbulenzenbraun.

Weiße Plastik-
garnitur, geöffnet

in den Großstadt-
lärm der Nacht.

Tanzschritt vor,
zurück, das Kipp-

fenster Vernunft,
schalldicht und

aufrecht, inmitten
zerbrochener

Hasenschädel.

## NESSELAUSSCHLÄGE

wuchten die Hitze ans Licht,
Frischeiexpresse jagen über

den Asphalt, Kaffeeobers,
im tosenden Haar die gelbe

Schleife. Nacht der Zucker-
bäcker und Sonnenkaiser.

Ramponierter Schenkelhals
durchbohrt die Autotür.

EIN APFEL
ein Jausenbrot
die Aluleiter

und ein Verreisen auf der Stelle
mit Zwirn und dem Stück Bauchhaut
oberhalb der Baumwollunterhose

aber

das Grenzland holt dich zurück
der Bagger im Dreck
die Baustelle vor dem Haus

und

das dauernde Herumgefuchtel
des Winkelschleiferlärms

## Lautlos öffnet sich die Tür

die Katze spaziert herein,

sagt: Guten Tag! Und frisst

auch schon die Blätter

der Topfpflanze.

SPERRZONE KREIDESTRICH,

der als lange Nase in den Teller
hängt. Tresorschrank, eingelassen

in der Tageswand und das Tasten
nach dem Mechanismus. Ist es die

Hühnersuppe? Oder das überheizte
Badezimmer? Winzige Punkte

glitzern am anderen Ufer.
Vermutlich Straßenlaternen oder

verkorkste Sterne, die als
Samenkörner durchs Fenster herein-

grieseln.

**ZERRIEBENE ÖLKREIDEN**
und der Hammer gegen den Spiegel.

Schatten fallen in klirrender Geometrie.
Die Katzenzungen zergehen. Kurze

Federstriche über den Selbstlauten,
Eisenbohrer als Musikinstrument.

Die Aluleiter auf und ab gibt den
Ton an und spannt die Muskulatur

zu klebrigen Fäden. Das dämmrige
Licht wird darübergezogen

und die Bücher schütten den
finstersten Gatsch auf den Tisch.

## Freundliches Sumpfgras

Zwanzig Honigmelonen

im Spiegelregal.

Ein Fenster

voller Licht, und

bemalte Wände,

und die Holztulpe

blüht.

## Vom Segelbootdeck

rutscht ein Schmetterling.
Schwerfällig schlägt er
kleine Wellen in die Oberfläche.

ABER DIE HAARE,
die aufgestemmte U-Bahntür,

Geschaukel in dünnen
wasseraufgeweichten Baum-

wollstrümpfen. Das grau-
fleckige Segeltuch; die

gehievte Schnäuztuchfahne.
Die Baukräne schwenken

die Brustkörbe lebens-
warm unter dem Wolkenrasen.

**SCHLENKERNDES BERGAUF,**
ein Rundherum in die Stadt.

Schleusenartig der Bahnhofsabgang.
Die Wohnhöhle voller Bilder,

bebildert selbst das Bett
und der bellende Husten
und die große Waschanlage
und der Turbinenkopf.
Kiesel flirren am Abend;

versenkt in fremden Stimmen.
Schnapsglas, hart am Rand,

zergeht an den Lippen.
Die Nacht schläft mit.

## Das Kerzenlicht

und die Nacht in den Ritterräumen,
strahlend aus dem schwarzen Quadrat

der Boxen. Jetzt, erstmals
Zähne und Hals, die ganze Gegenwart

der Erinnerung, losgelassen
für ein Schloss aus Tanzschritten,

in der die Ochsenmühle klappert
und das Käfigglas darüberstülpt.

Beim Wiedersehen Kochrezepte
mit reduziertem Speiseölanteil,

Staubmäntel und alte Entwürfe
für Laubsägearbeiten.

In die Steinschatulle
tropft das Wachs.

**Geschrumpfte verrottete Flugsamen,**
Gebäudekomplexe eines Subboulevardes,

der in den Telefonhörer hineinschmilzt.
Daneben der Grabhügel, die Sonderbeilage

über hochgewachsene Graszüchtungen,
hingestreute Blütenblätter, ausgekegelte

Taxigelenke, den immer gleichen Piepston:
Kein Anschluss unter diesem Schweineblau.

**DANN FOLGT SCHON DAS FRÜHJAHR.**
Die Temperaturen bringen das

Luftlied. Zuerst das Aufwärmen,
dann die kleine Runde um den

Platz. Am Steg verankert Ausflug-
schiffe und Ruderboote. K.O. in

dem Sinne, dass die Tulpen ganz
speziell ihre dicken Stängel

hinknallen. Hefepilze leisten
ein weiteres. Dazu kommen

Traktorscheinwerfer, Kraft-
futterbeilagen, Sirupersatz,

während der Stamm Monat für
Monat immer dicker in die Erde

hineinmodert.

Der Kugelbohrer
zerfetzt den Zeitungsausschnitt.
Am Strand spielen Hunde. Auch
die Gastronomie erhofft sich
heuer ein Umsatzplus von mehr
als einem Prozent. Das Party-
geschirr ist bereit für
den Einsatz. Bis dahin heißt
es essen, essen, essen.

KEIN BILD IM KOPF.
Wahllos Bilder,

die an etwas erinnern,
das Abbild sein könnte,

dann die Umrisse des
erkannten Abbildes

hervorheben:
Das Buchstabieren.

INHALT

In Lauscherpose Schaltplan Augenblick · 7
Grabsteine · 8
Dichtes Gesträuch · 9
Wegauf, wegab · 10
Blitzschnell ins Licht · 11
Die gestapelten Holzpfosten · 12
In Windeseile nimmst du · 13
Die Papierfetzen zwischen den Geleisen · 14
Gehst durch das Shoppinggebäude · 15
Turnsaalflucht, Fensterflucht · 16
Leinwand · 17
Krähen, Mäusebussard, Antennenschüssel · 18
Sich der Zug durch die Landschaft bohrt · 19
Moosbewachsener Gartenzaun · 20
Auf dem Verputz der Stiege · 21
Durch den Nebelfilm gezogen · 22
Die Häuser als Strich · 23
Nicht absetzen · 24
Das Fenster mit den gehäkelten Elefanten · 25
Nette Silbertannen · 26
Fliegst mit den Papierdrachen · 27
Absolut Rollläden · 28
Durchwühlst · 29
Angewurzelt Fenstergriff und Aktentasche · 30
Die Zunge platzt aus dem Mund · 31
Die abwaschwarmen Hände · 32
Nicht der Keller · 33
Bienenschwärme · 34
Acrylfarbengläser · 35
Eine Nacht unter wohlgenährten Ratten · 36
Halteverbotstafel · 37
Die Finger sind schwer · 38

Schon lange die Nachzeichnung der Natur · 39
In Spinnwebnetze gesprochen · 40
Die Schritte · 41
Er hat seine · 42
Gib doch zu · 43
Die zermalmten Kiefer · 44
Ins Blätterrauschen · 45
Muster Rohmaterial · 46
Nur den Finger rühren · 47
Elefant strafft den Rüssel · 48
Davor die mächtigen Kastanienbäume · 49
So · 50
Unentwegt · 51
Belichtungsmesser · 52
Drehst an allen Kanälen · 53
Ist das ein Weg · 54
Seitenblick Hintern · 55
Sonnenlinie Körper · 56
Pickel gezückt · 57
Bis zur Letzten · 58
Auf einmal ist es weg · 59
Hin- und herüberlegende Augen · 60
Bestenfalls billige Keramikfliesen · 61
Das Staublicht · 62
Die Nächtigungszahlen steigen wieder · 63
Kein Gleichmut · 64
Brüllte die Katze · 65
Kilometerweit · 66
Du nimmst die Warmhaltekanne · 67
Sonne · 68
Selbst · 69
Kostenrechnung · 70
Klartext · 71
Schöpflöffel · 72
Warum · 73

Zwischengesang · 74
Die krachende Kälte · 75
Trinkglas, Stemmeisen · 76
Grimasse · 77
Schnecken · 78
Wegwerfen · 79
Schnitte in der Kehle · 80
Schönheit Pullover · 81
Kein Stück Land · 82
Die Gesteinsbrocken · 83
Da sucht jemand · 84
Die Stimme sagt · 85
Aus der Teekanne wächst · 86
Ausgepresste Zitrone · 87
Schutzschild · 88
Die Lebendigkeit · 89
Torso · 90
Bis obenhin alte Ziegeldächer · 91
Kleine Häuser, kleine Kirchen · 92
Puppenkopf · 93
Ist das Dröhnen des Bodens · 94
Flaschenpost Kaiserschmarren · 95
Buschgesträuch · 96
Straße nass · 97
Die Fensterplatzmentalität · 98
Bist ganz die über den · 99
In der leichtgewordenen · 100
Wanne, Schaufel, Wolken, Haar · 101
Die Schnitte am Boden · 102
Was tut die Hand · 103
Das Vorratsfett ist schnell verbraucht. · 104
Bergab im schnittigen · 105
Eingegraut das Sitzen · 106
Das gleißende Licht · 107
Das kleinste Härchen · 108

Schwindelbahnhof · 109
Nesselausschläge · 110
Ein Apfel · 111
Lautlos öffnet sich die Tür · 112
Sperrzone Kreidestrich · 113
Zerriebene Ölkreiden · 114
Freundliches Sumpfgras · 115
Vom Segelbootdeck · 116
Aber die Haare · 117
Schlenkerndes Bergauf · 118
Das Kerzenlicht · 119
Geschrumpfte verrottete Flugsamen · 120
Dann folgt schon das Frühjahr · 121
Der Kugelbohrer · 122
Kein Bild im Kopf · 123